À Noémie et sa merveilleuse famille...

Première impression : mai 2021
Direction éditoriale : Florent Charbonnier
Auteure : Jade Amory
Impression : INO Reproducciones SA
ISBN : 978-2-373-11097-5

NOÉMIE

au Parc des Mamelles

CARAÏBÉDITIONS

Aujourd'hui, Noémie va visiter le zoo de Guadeloupe avec ses parents ; elle en rêve depuis des mois. Pour arriver au Parc des Mamelles, la route de la Traversée est longue et sinueuse, mais la végétation tropicale est magnifique !

F
AA-123-AA
971

Après une telle route, ça fait du bien d'être arrivé et de se dégourdir les jambes. Pas de temps à perdre ! La maman de Noémie achète les tickets et la visite peut commencer ! Il y a près d'une trentaine d'étapes à découvrir...

ENTRÉE

La mascotte du zoo est le racoon, un magnifique raton laveur que l'on découvre dès le début de la visite. Il y en a des dizaines et ils ne sont pas sauvages du tout ! Ils s'approchent de nous comme pour dire bonjour !

Le toucan, quant à lui, est un des plus beaux oiseaux du Parc. Il se tient tranquille et majestueux sur sa branche et semble être ravi d'échanger des regards complices avec les visiteurs. Noémie rêverait d'avoir un tel oiseau à la maison.

Noémie est moins à l'aise avec les iguanes. Ils ressemblent à des dragons et ils lui font un peu peur. Le papa de Noémie explique à sa fille que les iguanes de ce zoo sont des iguanes que l'on trouve uniquement en Guadeloupe, il s'agit d'une espèce endémique. En plus, il sont en voie d'extinction et si on ne les protège pas suffisamment, ils disparaîtront.

Une autre espèce endémique est celle du scarabée Scieur de long, un des plus grands au monde. Noémie est bien contente qu'il soit derrière la vitre de l'insectarium. Bien que cet insecte ait quelque chose de majestueux, il n'en demeure pas moins impressionnant avec son énorme pince.

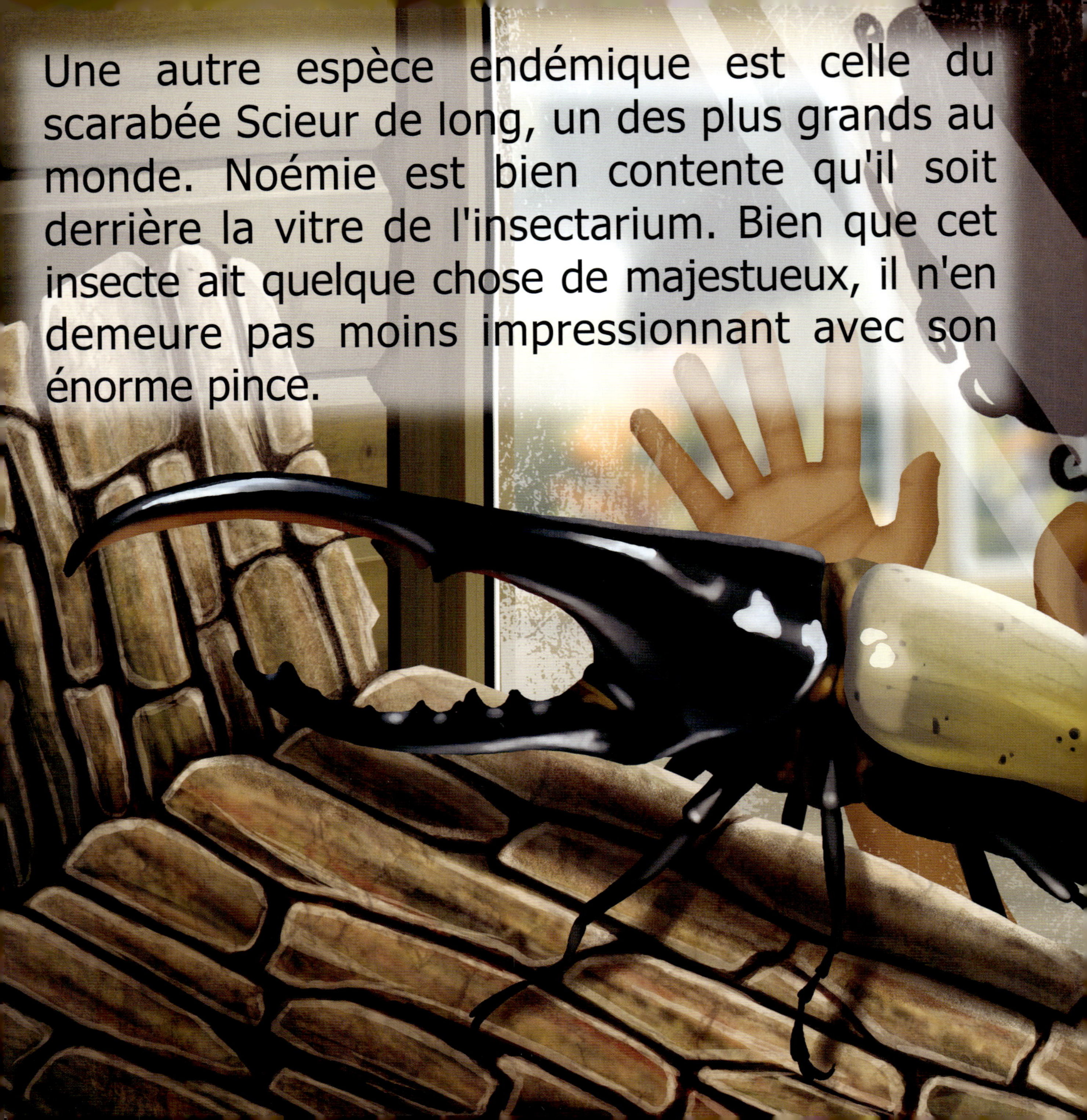

Les perroquets plaisent également beaucoup à Noémie. Leur plumage lui fait penser à des costumes du Carnaval tant ils sont colorés ! Leurs cris sont impressionnants.

D'étape en étape, Noémie et ses parents arrivent enfin à l'enclos de l'animal qu'elle avait le plus envie de découvrir ! Il s'agit de celui du jaguar noir... Noémie est comme hypnotisée par le regard de cet animal qui la fixe de ses yeux jaunes et pénétrants.

Après l'espace des félins, place à celui des singes.
Noémie est fascinée par les capucins réputés être les plus intelligents des singes et par les lémuriens qui sont très joueurs.

Si les singes étaient très énergiques, il n'en est pas de même des tortues des Seychelles qui semblent vivre au ralenti. « C'est peut-être pour ça qu'elles peuvent vivre plus de 150 ans », dit Noémie.

Après plus de deux heures à découvrir des animaux de toutes sortes, la famille de Noémie va bientôt terminer sa visite du parc par l'enclos des pandas roux. Ces petits herbivores sont de véritables peluches vivantes. « J'ai déjà hâte de revenir », dit Noémie. « C'est promis », dit son papa. « On ira aussi au zoo de la Martinique », ajoute sa maman.

Parc des Mamelles
GUADELOUPE